Inhalt

- 2 Workshop Häkelsocke
- 6 Workshop Socken häkeln
- 8 Grundkurs Häkeln lernen
- 12 Überkreuzt
- 14 Safari-Tour
- 16 Umgekrempelt
- 18 Verblümt
- 20 Buntes Relief
- 22 Frühlingsfrisch
- 24 Himbeer-Sorbet
- 26 Fliederflausch
- 28 Karibik
- 30 Gestreift
- 32 Impressum, Hersteller, Materialien und Dank

Umschlagseiten:

- A Stufensocke
- B Häkelschriften
- D–F Maßschablone
- G Zunahmen
- H Größentabelle

Workshop Häkelsocke

Auf einen Blick

Schaft

Ferse

Fußspitze

Fußlänge

Stufe 1   Stufe 2   Stufe 3   Stufe 4

Grundanleitung

Allgemeines

Wird in Runden gehäkelt, muss man die Arbeit nach jeder Runde wenden. Jede Runde beginnt mit einer bzw. mehreren Wendeluftmaschen. Die Anzahl richtet sich nach der jeweiligen Maschenart. Danach die 1. Masche der neuen Runde gleich in die letzte Masche der Vorrunde häkeln (Abb. 3, Seite 6), damit der Rundenanfang immer an der gleichen Stelle liegt. Jede Runde wird mit 1 Kettmasche in die 1. Masche der Runde geschlossen (Abb. 2, Seite 6).

Stufe 1 – Spitze

Die Spitze wird in Runden in festen Maschen gehäkelt. Dazu 5 Luftmaschen anschlagen und mit 1 Kettmasche zur Runde schließen (Abb. 1, Seite 6). Je nach Schuhgröße werden nach einem bestimmten Zunahmeschema mehr oder weniger Runden gehäkelt. Die Zunahmen erfolgen entsprechend den Angaben in der Zunahmetabelle auf Umschlagseite G. Ist die gewünschte Maschenzahl erreicht, noch 4 Runden ohne Zunahmen häkeln.

Stufe 2 – Fuß

Die Fußlänge wird in Runden in halben Stäbchen gehäkelt. Sie kann in einem glatten oder gerippten Maschenbild gearbeitet werden

(Abb. 4 und 5, Seite 6). Die Rundenanzahl bzw. die Länge richtet sich wiederum nach der Schuhgröße (siehe Größentabelle auf Umschlagseite H).

Stufe 3 – Ferse

Die Ferse wird nun in festen Maschen in Reihen mittig auf die Fußlänge gehäkelt. Dabei wird regelmäßig zugenommen, bis eine bestimmte Maschenanzahl erreicht ist. Dazu für die 1. Fersenreihe 1 Wendeluftmasche häkeln, eine Masche übergehen, 2 feste Maschen und 1 Kettmasche in die nächsten Maschen häkeln (Abb. 6, Seite 6).

Danach wie folgt häkeln: 1 Wendeluftmasche, die Kettmasche der Vorreihe übergehen, 1 Masche zunehmen, feste Maschen bis zur vorletzten festen Masche der Vorreihe häkeln, 1 Masche zunehmen und mit 1 Kettmasche in die nächste freie Masche der letzten Fußrunde fixieren (Abb. 7, Seite 7). Die Zunahme der Fersenmaschen erfolgt also stets in der ersten und letzten festen Masche der Vorreihe.

Ist die der Schuhgröße entsprechende Maschenanzahl für die Ferse erreicht, wird so lange ohne Zunahmen weitergehäkelt, bis nur noch eine bestimmte Anzahl unbehäkelter Fußmaschen übrig bleibt (siehe Größentabelle auf Umschlagseite H). Danach die Arbeit ohne Wendeluftmasche wenden und lockere Kettmaschen über die Hälfte der Fersenmaschen häkeln (Abb. 8, Seite 7). Die hintere Mitte der Socke ist jetzt erreicht.

Beim Überhäkeln der Kettmaschen anschließend darauf achten, dass sie bei der fertigen Socke außen nicht zu sehen sind.

Tipp: Beginnt der Schaft mit einem neuen Garn bzw. einer anderen Farbe, so entfallen die Kettmaschen und das neue Garn wird in der Mitte der letzten Fersenreihe angehäkelt.

Stufe 4 – Schaft

Der Schaft wird wieder in Runden und über die Fersenmaschen sowie die noch freien Fußmaschen gehäkelt, zunächst in halben Stäbchen. Danach bietet der Schaft viel Raum für Kreativität in Bezug auf Muster und Schaftlänge.
Bei der 1. Schaftrunde ist es wichtig, jeweils beim Übergang von Ferse zum Fuß (Zwickel) je 1 halbes Stäbchen in die letzte Kettmasche der Ferse und in die darunterliegende Masche des Fußes, in welche die Kettmasche gearbeitet wurde, zu häkeln (Abb. 9, Seite 7). Die Maschenanzahl entspricht nun wieder der des Fußes. Anschließend noch 3 weitere Runden halbe Stäbchen häkeln, allerdings dieses Mal ohne Zunahmen.

Bei Damen- und Kindersocken können nun in den folgenden 2 Runden jeweils 2 Maschen abgenommen bzw. jeweils 2 mal 2 halbe Stäbchen zusammen abgemascht werden (Abb. 1, Seite 9). Dadurch wird der Schaft etwas schmaler als der Fuß und liegt dadurch besser an. Bei starken Fesseln oder kräftigen Waden entfallen die Schaftabnahmen.

Tipp: Die Maßschablone auf den Umschlagseiten D – F dient zur Orientierung bezüglich Sockenlänge und -größe. Dazu einfach die Häkelarbeit auf die Schablone legen und Größenmaße überprüfen. Auf der Schablone kann der Fersenbeginn exakt markiert werden, indem man die in der Größentabelle angegebene Länge von der Spitze bis zur Ferse überträgt.

Wendeluftmaschen

Beim Häkeln in Runden wird folgende Anzahl an Wendeluftmaschen gehäkelt:
für feste Maschen: 1 Wendluftmasche
für halbe Stäbchen und halbe Reliefstäbchen: 2 Wendluftmaschen
für Stäbchen, Relief- und Kreuzstäbchen: 3 Wendluftmaschen

Workshop Socken häkeln

Anfangs-Runde schließen

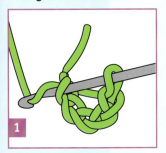

In die 1. Luftmasche des Anschlags einstechen und 1 Umschlag durch alle auf der Nadel liegenden Schlingen ziehen.

Runde schließen

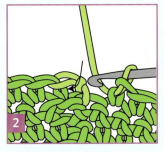

Am Rundenende in die 1. Masche der Runde einstechen und 1 Kettmasche arbeiten.

Beginn neue Runde

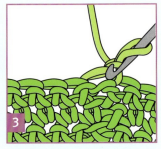

Wendeluftmaschen für die neue Runde häkeln, Arbeit wenden und die 1. Masche der neuen Runde gleich in die letzte Masche der Vorrunde einstechen.

Glattes Maschenbild

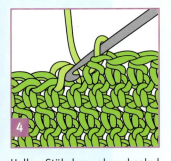

Halbe Stäbchen abwechselnd eine Runde um die oben liegenden, nächste Runde um das vordere lange und das vordere obere Maschenglied der Vorrunde häkeln.

Geripptes Maschenbild

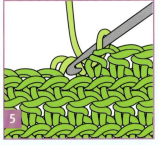

Halbe Stäbchen in jeder Runde um die oben liegenden Maschenglieder der Maschen der Vorrunde häkeln.

1. Fersenreihe

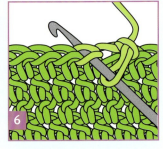

1 Wendeluftmasche, Arbeit wenden, 1 feste Masche in die 2. Masche der Vorrunde häkeln. 1 feste Masche und 1 Kettmasche in die nächsten Maschen häkeln.

Fersenzunahme

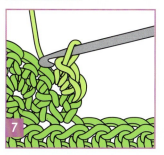

Wendeluftmasche, 2 feste Maschen in die 1. Masche, feste Maschen, 2 feste Maschen in die letzte Masche der Vorrunde, Kettmasche in die nächste Masche des Fußes.

Fersenende

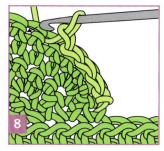

Kettmaschen über die 1. Hälfte der Fersenmaschen bis zum obersten Punkt häkeln.

Zwickel

In der 1. Schaftrunde in die Kettmasche und die darunter liegende Masche des Fußes am Übergang Ferse zu Schaft je 1 halbes Stäbchen häkeln.

Maschenprobe

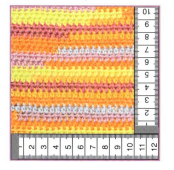

Häkeln ist individuell – deshalb wird in jeder Anleitung eine Maschenprobe vorgegeben, die beim Häkeln eingehalten werden muss, damit das fertige Modell auch passt.

Zunächst eine Häkelprobe anfertigen, und prüfen, ob die angegebenen Maschen- und Reihenzahlen erreicht werden. Dafür ein mindestens 12 x 12 cm großes Stück im entsprechenden Muster häkeln und nachzählen: Wie viele Maschen in der Breite und wie viele Reihen in der Höhe ergeben 10 x 10 cm? Hat die Probe mehr Maschen als angegeben, muss entweder lockerer gearbeitet oder eine um 1/2 bis 1 Stärke dickere Nadel verwendet werden. Bei weniger Maschen heißt es, fester arbeiten oder dünnere Nadeln verwenden.

Grundkurs Häkeln lernen

Luftmaschenanschlag

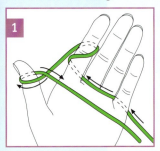

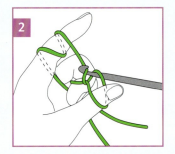

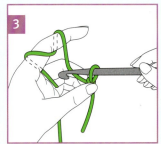

Den Faden wie im Bild gezeigt um die linke Hand legen.

Nadel von unten in die Daumenschlinge schieben. Den vom Zeigefinger kommenden Faden mit der Nadel fassen und durch die Daumenschlinge ziehen. Daumen aus der Schlinge nehmen.

Nun ist der Anschlagsknoten fertig und eine Schlinge liegt auf der Nadel. Die Schlinge so anziehen, dass sie locker auf der Nadel liegt, aber nicht herunterrutscht.

Feste Masche

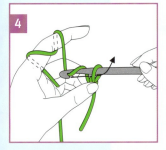

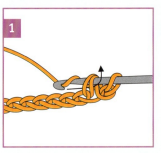

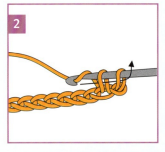

Den Anschlagsknoten mit Daumen und Mittelfinger halten, den Faden vom Zeigefinger von hinten nach vorn über die Nadel legen und durch die Schlinge ziehen.

In die 2. Luftmasche von der Nadel aus einstechen, Faden von hinten nach vorn um die Nadel legen. Diesen Umschlag durch die Luftmasche ziehen.

1 neuen Umschlag bilden und durch beide Schlingen auf der Nadel ziehen.

Halbes Stäbchen

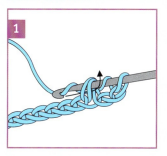
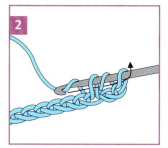

Einen Umschlag um die Nadel legen und in die vorgesehene Masche einstechen. Einen weiteren Umschlag um die Nadel legen und durch die Masche ziehen.

Einen neuen Umschlag um die Nadel legen und diesen durch alle 3 auf der Nadel liegenden Schlingen ziehen.

1 halbes Stäbchen abmaschen

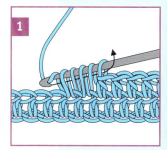

Schritt 1 für ein halbes Stäbchen ausführen und bei der Nachbarmasche wiederholen. 1 Umschlag durch alle 5 Schlingen auf der Nadel ziehen.

Stäbchen

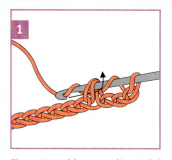
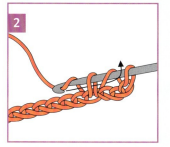
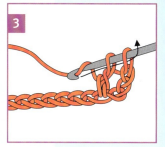

Einen Umschlag um die Nadel legen und in die vorgesehene Masche einstechen. Einen weiteren Umschlag um die Nadel legen und durch die Masche ziehen.

Einen neuen Umschlag um die Nadel legen und diesen durch 2 der 3 auf der Nadel liegenden Schlingen ziehen.

Einen neuen Umschlag um die Nadel legen und diesen durch die restlichen 2 auf der Nadel liegenden Schlingen ziehen.

Doppelstäbchen

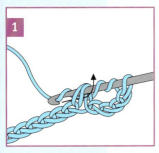

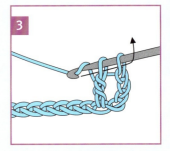

Zwei Umschläge um die Nadel legen und in die vorgesehene Masche einstechen. Einen weiteren Umschlag um die Nadel legen und durch die Masche ziehen.

Einen neuen Umschlag um die Nadel legen und diesen durch die ersten 2 der 4 auf der Nadel liegenden Schlingen ziehen.

Einen Umschlag um die Nadel legen und durch die nächsten 2 auf der Nadel liegenden Schlingen ziehen, dann einen Umschlag durch die letzten beiden Schlingen ziehen.

Kreuzstäbchen

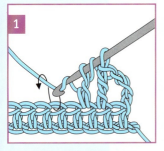
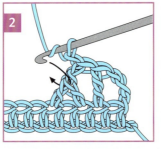

Kettmasche

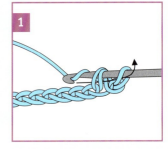

Mit Schritt 1 und 2 für ein Doppelstäbchen beginnen. Einen Umschlag um die Nadel legen, in die übernächste Masche einstechen und den Umschlag durch die Masche ziehen.

Nun 4mal: einen Umschlag um die Nadel legen und durch die nächsten 2 Schlingen ziehen. Dann 1 Luftmasche häkeln und 1 Stäbchen in den Kreuzungspunkt häkeln.

In die 2. Luftmasche von der Nadel aus einstechen, Faden um die Nadel legen. Diesen Umschlag durch die Luftmasche und die Schlinge auf der Nadel ziehen.

Relief-Stäbchen von vorn

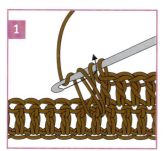

Einen Umschlag bilden, von vorn nach hinten um das Stäbchen der Vorreihe stechen und einen neuen Umschlag durchziehen. Dann Schritt 2 und 3 für ein Stäbchen arbeiten.

Relief-Stäbchen von hinten

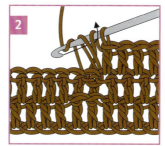

Einen Umschlag bilden, von hinten nach vorn um das Stäbchen der Vorreihe stechen und einen neuen Umschlag durchziehen. Dann Schritt 2 und 3 für ein Stäbchen arbeiten.

Farbwechsel

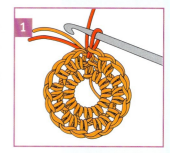

Am Ende der Runde die Kettmasche mit dem Faden der neuen Farbe häkeln.

Noppe

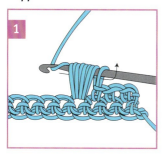

4mal: 1 Umschlag bilden, in die vorgesehene, immer gleiche Masche einstechen, 1 Umschlag bilden und durchziehen. Einen neuen Umschlag bilden.

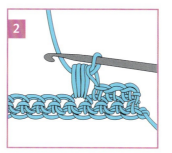

Den neuen Umschlag durch alle auf der Nadel liegenden Schlingen ziehen. Bei dieser Noppe sind es 9 Schlingen.

Zunahme einer festen Masche

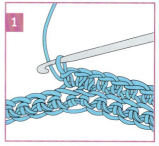

2 feste Maschen in die gleiche Einstichstelle häkeln.

Überkreuzt

Material:

- 150 g Blau-Bunt (41 % Schurwolle, 34 % Baumwolle, 25 % Polyamid, Lauflänge ca. 200 m/50 g, Regia 4-fädig Cotton Color, Strato Surf Color)
- Häkelnadel Nr. 3

Größe 38/39

Grundmuster 1:
Feste Maschen in Runden.
Grundmuster 2:
Feste Maschen in Reihen.
Grundmuster 3:
Stäbchen in Runden gerippt gehäkelt, siehe Grundkurs Seite 6.
Grundmuster 4:
Kreuzstäbchen, siehe Grundkurs auf Seite 10.
Maschenzahl teilbar durch 3.
Zunahmen und **Farbwechsel** siehe Grundkurs Seite 11.

Maschenprobe:
22 Maschen und 26 Runden/Reihen = 10 x 10 cm in festen Maschen

Socken nach der Grundanleitung auf Seite 2–5 arbeiten.

Stufe 1 – Spitze: 5 Luftmaschen anschlagen, im Grundmuster 1 arbeiten und zunehmen, bis 42 Maschen erreicht sind. Nach 17 Runden ist die Spitze beendet.

Stufe 2 – Fuß: Im Grundmuster 3 und 4 wie folgt arbeiten: 12 Stäbchen häkeln, dann 6 Kreuzstäbchen arbeiten (= 18 Maschen), und wieder 12 Stäbchen häkeln. Dann 1 Runde Feste Maschen häkeln. Nach diesem Prinzip im Wechsel arbeiten, insgesamt 8 Runden mit Stäbchen/Kreuzstäbchen und 7 Runden mit festen Maschen. Die letzte Runde besteht dabei aus Stäbchen/Kreuzstäbchen.

Stufe 3 – Ferse: Im Grundmuster 2 wie in der Grundanleitung beschrieben arbeiten.

Stufe 4 – Schaft: Die erste Runde im Grundmuster 1 arbeiten. Dann abwechselnd eine Runde im Grundmuster 4 und eine Runde im Grundmuster 1 arbeiten, insgesamt 9 Runden Kreuzstäbchen und 9 Runden feste Maschen häkeln. Am Schluss 1 Runde im Grundmuster 3 arbeiten und noch 5 Runden Reliefstäbchen (siehe Grundkurs Seite 11) häkeln, abwechselnd ein Reliefstäbchen von vorn und ein Reliefstäbchen von hinten.

Safari-Tour

Material:

- 50 g Schwarz
 (75 % Schurwolle,
 25 % Polyamid,
 Lauflänge ca.
 210 m/50 g,
 Regia 4-fädig Uni,
 Schwarz)
- 50 g Natur
 (75 % Schurwolle,
 25 % Polyamid,
 Lauflänge ca.
 210 m/50 g,
 Regia 4-fädig Uni,
 Natur)
- 50 g Weiß
 (61 % Polyamid,
 39 % Schurwolle,
 Lauflänge ca.
 125 m/50 g,
 Regia Softy, Natur)
- Häkelnadel Nr. 3

Größe 38/39 (40/41)
Die Angaben für die größere Größe stehen jeweils in Klammern.

Grundmuster 1:
Feste Maschen in Runden.
Grundmuster 2:
Feste Maschen in Reihen.
Grundmuster 3:
Halbe Stäbchen in Runden gerippt gehäkelt, siehe Grundkurs Seite 6.
Zunahmen und **Farbwechsel** siehe Grundkurs Seite 11.

Maschenprobe:
22 Maschen und 26 Runden/Reihen = 10 x 10 cm in festen Maschen

Socken nach der Grundanleitung auf Seite 2–5 arbeiten.

Stufe 1 – Spitze: In Schwarz 5 Luftmaschen anschlagen, im Grundmuster 1 arbeiten und zunehmen, bis 42 (44) Maschen erreicht sind. Nach 17 (18) Runden ist die Spitze beendet.

Stufe 2 – Fuß: Im Grundmuster 3 nun abwechselnd 3 Runden Natur und 3 Runden Schwarz häkeln, bis die Fußlänge erreicht ist.

Stufe 3 – Ferse: In Schwarz im Grundmuster 2 wie in der Grundanleitung beschrieben arbeiten.

Stufe 4 – Schaft: In Weiß im Grundmuster 3 zunächst 4 Runden arbeiten. Dann 3 Runden in Schwarz häkeln, dabei in den ersten beiden Runden wie im Grundkurs beschrieben je 2 Maschen abnehmen = 38 Maschen. Bei Größe 40/41 nicht abmaschen. Anschließend wieder im Wechsel 3 Runden Weiß und 3 Runden Schwarz häkeln. Insgesamt 22 (24) Runden arbeiten. Den Schluss bilden 5 Runden feste Maschen in Schwarz.

Umgekrempelt

Material:

- 100 g Ocker
  (75 % Schurwolle,
  25 % Polyamid,
  Lauflänge ca.
  210 m/50 g,
  Regia 4-fädig Uni,
  Kürbis)
- 50 g Dunkelrot
  (75 % Schurwolle,
  25 % Polyamid,
  Lauflänge ca.
  210 m/50 g,
  Regia 4-fädig Uni,
  Burgund)
- Häkelnadel Nr. 3

Größe 38/39 (36/37)
Die Angaben für die kleinere Größe stehen jeweils in Klammern.

Grundmuster 1:
Feste Maschen in Runden.
Grundmuster 2:
Feste Maschen in Reihen.
Grundmuster 3:
Halbe Stäbchen in Runden glatt gehäkelt, siehe Grundkurs Seite 6.
Zunahmen und **Farbwechsel** siehe Grundkurs Seite 11.

Maschenprobe:
22 Maschen und 26 Runden/Reihen = 10 x 10 cm in festen Maschen

Socken nach der Grundanleitung auf Seite 2 – 5 arbeiten.

Stufe 1 – Spitze: In Dunkelrot 5 Luftmaschen anschlagen, im Grundmuster 1 arbeiten und zunehmen, bis 42 (40) Maschen erreicht sind. Nach 17 (16) Runden ist die Spitze beendet.

Stufe 2 – Fuß: In Ocker im Grundmuster 3 weiter häkeln, bis die Fußlänge erreicht ist.

Stufe 3 – Ferse: Im Grundmuster 2 und in Ocker wie in der Grundanleitung beschrieben arbeiten.

Stufe 4 – Schaft: In Dunkelrot im Grundmuster 3 zunächst 4 Runden arbeiten. In der 5. und 6. Runde wie im Grundkurs beschrieben je 2 Maschen abnehmen = 38 (36) Maschen. Nochmals 16 Runden häkeln.

Umschlag:
Für den Umschlag in Ocker 12 Runden im Grundmuster 1 arbeiten. Dazu in der 1. Runde 4 x zunehmen: in Masche 1, 9, 18 und 27 = 42 (40) Maschen. Am Schluss die Rankeneinfassung häkeln. Dabei darauf achten, dass die Rankeneinfassung so gearbeitet wird, dass sie später außen zu sehen ist, da der Teil mit den festen Maschen umgeklappt wird. Das Rankenmuster in Burgund aufsticken.

Verblümt

Material:
- 100 g Rot
  (75 % Schurwolle,
  25 % Polyamid,
  Lauflänge ca.
  210 m/50 g,
  Regia 4fädig Uni,
  Kirsche)
- 50 g Gelb
  (75 % Schurwolle,
  25 % Polyamid,
  Lauflänge ca.
  210 m/50 g,
  Regia 4fädig Uni,
  Gelb)
- 50 g Grün
  (61 % Polyamid,
  39 % Schurwolle,
  Lauflänge ca.
  125 m/50 g,
  Regia Softy, Farn)
- Häkelnadel Nr. 3

Größe 38/39

Grundmuster 1:
Feste Maschen in Runden.
Grundmuster 2:
Feste Maschen in Reihen.
Grundmuster 3:
Halbe Stäbchen in Runden glatt gehäkelt, siehe Grundkurs Seite 6.
Zunahmen und **Farbwechsel** siehe Grundkurs Seite 11.

Maschenprobe:
22 Maschen und 26 Runden/Reihen = 10 x 10 cm in festen Maschen

Socken nach der Grundanleitung auf Seite 2 – 5 arbeiten.

Stufe 1 – Spitze: In Rot 5 Luftmaschen anschlagen, im Grundmuster 1 arbeiten und zunehmen, bis 42 Maschen erreicht sind. Nach 17 Runden ist die Spitze beendet.

Stufe 2 – Fuß: Im Grundmuster 3 zunächst 2 Runden in Grün häkeln und dann in Rot weiter arbeiten. Die letzten 2 Runden vor der Ferse wieder in Grün häkeln.

Stufe 3 – Ferse: In Rot im Grundmuster 2 wie in der Grundanleitung beschrieben häkeln.

Stufe 4 – Schaft: In Rot im Grundmuster 3 zunächst 4 Runden arbeiten. Dann 2 Runden in Grün häkeln, dabei wie im Grundkurs beschrieben je 2 Maschen abnehmen = 38 Maschen. Es folgen 16 Runden in Rot. Den Schluss bilden 2 Runden in Grün. Pro Socke je eine kleinen und eine große Blüte laut den Häkelschriften anfertigen. Die kleinen Blüten in Rot und die großen Blüten in Grün beginnen und die letzte Runde jeweils in Gelb häkeln. Die Blüten an den Außenseiten versetzt aufnähen.

Buntes Relief

Material:

- 150 g Bunt meliert (75 % Schurwolle, 25 % Polyamid, Lauflänge ca. 210 m/50 g, Regia 4-fädig Color, Crazy Electra)
- 50 g Türkis (75 % Schurwolle, 25 % Polyamid, Lauflänge ca. 210 m/50 g, Regia 4-fädig Uni, Türkis)
- Häkelnadel Nr. 3

Größe 38/39

Grundmuster 1:
Feste Maschen in Runden.
Grundmuster 2:
Feste Maschen in Reihen.
Grundmuster 3:
Halbe Stäbchen in Runden gerippt gehäkelt, siehe Grundkurs Seite 6.
Grundmuster 4:
Reliefstäbchen, siehe Grundkurs auf Seite 11.
Zunahmen und Farbwechsel siehe Grundkurs Seite 11

Maschenprobe:
22 Maschen und 26 Runden/Reihen = 10 x 10 cm in festen Maschen

Socken nach der Grundanleitung auf Seite 2 – 5 arbeiten.

Stufe 1 – Spitze: 5 Luftmaschen in Bunt meliert anschlagen, im Grundmuster 1 arbeiten und zunehmen, bis 42 Maschen erreicht sind. Nach 17 Runden ist die Spitze beendet.

Stufe 2 – Fuß: In Türkis im Grundmuster 3 weiterhäkeln, bis die Fußlänge erreicht ist.

Stufe 3 – Ferse: In Bunt meliert im Grundmuster 2 wie in der Grundanleitung angegeben weiterarbeiten.

Stufe 4 – Schaft: Mit Türkis meliert in der Fersenmitte beginnen und 1 Runde ganze Stäbchen häkeln. In Bunt meliert im Grundmuster 4 weiterarbeiten, dabei abwechselnd 1 Reliefstäbchen von vorne und 1 Reliefstäbchen von hinten arbeiten. Nach 14 Runden mit 3 Runden in Türkis enden.

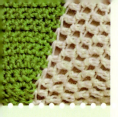

Frühlingsfrisch

Material:

- 100 g Weiß
  (75 % Schurwolle,
  25 % Polyamid,
  Lauflänge ca.
  210 m/50 g,
  Regia 4-fädig Uni,
  Weiß)
- 50 g Grün
  (75 % Schurwolle,
  25 % Polyamid,
  Lauflänge ca.
  210 m/50 g,
  Regia 4-fädig Uni,
  Farn)
- Häkelnadel Nr. 3

Größe 38/39

Grundmuster 1:
Feste Maschen in Runden.
Grundmuster 2:
Feste Maschen in Reihen.
Grundmuster 3:
Halbe Stäbchen in Runden gerippt gehäkelt, siehe Grundkurs Seite 6.
Grundkuster 4:
Stäbchen, siehe Grundkurs Seite 9.
Grundmuster 5:
Reliefstäbchen von vorn und von hinten, siehe Grundkurs Seite 11.
Zunahmen und **Farbwechsel** siehe Grundkurs Seite 11.

Maschenprobe:
22 Maschen und 26 Runden/Reihen = 10 x 10 cm in festen Maschen

Socken nach der Grundanleitung auf Seite 2 – 5 arbeiten.

Stufe 1 – Spitze: 5 Luftmaschen in Weiß anschlagen, im Grundmuster 1 arbeiten und zunehmen, bis 42 Maschen erreicht sind. Nach 17 Runden ist die Spitze beendet.

Stufe 2 – Fuß: Mit 2 Runden Grün im Grundmuster 3 weiterhäkeln, danach mit Weiß, bis die angegebene Fußlänge erreicht ist.

Stufe 3 – Ferse: In Grün im Grundmuster 2 wie in der Grundanleitung angegeben arbeiten.

Stufe 4 – Schaft: In Weiß 1 Runde im Grundmuster 4 arbeiten, darüber im Grundmuster 5 je 1 Runde in Weiß und Grün sowie 2 Runden in Weiß häkeln. Dabei darauf achten, dass die Reliefstäbchen vorn und hinten übereinander und nicht versetzt gearbeitet werden.

Himbeer-Sorbet

Material:

- 150 g Pink
  (75 % Schurwolle,
  25 % Polyamid,
  Lauflänge ca.
  210 m/50 g,
  Regia 4-fädig Uni,
  Himbeer)
- 50 g Schwarz
  (75 % Schurwolle,
  25 % Polyamid,
  Lauflänge ca.
  210 m/50 g,
  Regia 4-fädig Uni,
  Schwarz)
- 50 g Pink Softy
  (61 % Polyamid,
  39 % Schurwolle,
  Lauflänge 125 m/
  50 g, Regia Softy,
  Kirsche)
- Häkelnadel Nr. 3

Maschenprobe:
22 Maschen und
26 Runden/Reihen
= 10 x 10 cm in
festen Maschen

Größe 38/39

Grundmuster 1:
Feste Maschen in Runden.
Grundmuster 2:
Feste Maschen in Reihen.
Grundmuster 3:
Halbe Stäbchen in Runden gerippt gehäkelt, siehe Grundkurs Seite 6.
Grundmuster 4:
Halbe Stäbchen in Reihen, jede Reihe mit 2 Wendeluftmaschen beginnen.
Zunahmen siehe Grundkurs Seite 11.

Stufe 1 – Spitze: 5 Luftmaschen in Pink anschlagen, im Grundmuster 1 arbeiten und zunehmen, bis 42 Maschen erreicht sind. Nach 17 Runden ist die Spitze beendet.
Stufe 2 – Fuß: Im Grundmuster 3 weiterhäkeln, bis die Fußlänge erreicht ist.
Stufe 3 – Ferse: Im Grundmuster 2 wie in der Grundanleitung beschrieben arbeiten.
Stufe 4 – Schaft: 4 Runden im Grundmuster 3 häkeln, in der 5. und 6. Runde wie im Grundkurs beschrieben je 2 Maschen abnehmen = 38 Maschen. Nochmals 4 Runden häkeln und nach dem Schließen der letzten Runde direkt mit 19 Kettmaschen weiterhäkeln, 2 Wendeluftmaschen arbeiten und 38 halbe Stäbchen zurückhäkeln. Die Trennlinie für den Schnür-Schaft liegt in der vorderen Mitte.

Im Grundmuster 4 weiterhäkeln, dabei nach 5 Reihen mit den Wadenzunahmen beginnen. In der folgenden Reihe 2 Maschen zunehmen, 2 Reihen häkeln, wieder 2 Maschen zunehmen, 2 Reihen häkeln, 2 Maschen zunehmen, 4 Reihen häkeln, 2 Maschen zunehmen, 3 Reihen häkeln. Nun abwechselnd 1 Reihe mit 2 Maschen zunehmen und 2 Reihen ohne Zunahmen arbeiten, bis nach 39 Reihen 60 Maschen vorhanden sind, dann noch 3 Reihen häkeln.
Nun den kompletten Innenrand am Schaft mit 2 Reihen lockeren festen Maschen behäkeln (= 72 Maschen). An einer Seite beginnend 6 feste Maschen häkeln, dann 6 Luftmaschen, zurück in die 1. feste Masche stechen und 6 feste Maschen um den Luftmaschenbogen arbeiten. Auf diese Weise an der Innenseite des Schafts 5 Ösen für die spätere Schnürung arbeiten. Nach der letzten Öse 12 feste Maschen häkeln und anschließend die andere Schaftseite wieder mit 5 Ösen behäkeln.
Nun oben am Schaft mit Pink Softy im Grundmuster 4 über 60 Maschen weiterarbeiten, dabei am inneren Rand pro Reihe 2 Maschen abnehmen, bis noch 48 Maschen übrig sind.
Kordel: In Schwarz 200 Luftmaschen anschlagen und mit Kettmaschen behäkeln. Fäden vernähen und die Kordel in die Ösen schnüren.

Fliederflausch

Material:
- 100 g Weiß meliert (75 % Schurwolle, 25 % Polyamid, Lauflänge ca. 210 m/50 g, Regia 4-fädig Color, Candy Color)
- 50 g Fransengarn Flieder (100 % Polyester, Lauflänge ca. 90 m/50 g, Schachenmayr, Brazilia Flieder)
- Häkelnadel Nr. 3

Größe 38/39

Grundmuster 1:
Feste Maschen in Runden.

Grundmuster 2:
Feste Maschen in Reihen.

Grundmuster 3:
Halbe Stäbchen in Runden gerippt gehäkelt, siehe Grundkurs Seite 6.

Lochmuster:
Laut Häkelschrift auf Umschlagseite B arbeiten. Maschenzahl teilbar durch 4. Den Mustersatz (= MS) und die 3. Runde stets wiederholen.

Maschenprobe:
22 Maschen und 26 Runden/Reihen = 10 x 10 cm in festen Maschen

Socken nach der Grundanleitung auf Seite 2 – 5 arbeiten.

Stufe 1 – Spitze: 5 Luftmaschen in Weiß meliert anschlagen, im Grundmuster 1 arbeiten und zunehmen, bis 42 Maschen erreicht sind. Nach 17 Runden ist die Spitze beendet.

Stufe 2 – Fuß: In Weiß meliert im Grundmuster 3 arbeiten, bis die Fußlänge erreicht ist.

Stufe 3 – Ferse: In Weiß meliert im Grundmuster 2 arbeiten.

Stufe 4 – Schaft: In Weiß meliert 11 Runden im Lochmuster arbeiten, jedoch keine Maschen am Schaftanfang abnehmen. Mit 1 Runde in Flieder abschließen.

Karibik

Material:

- 100 g Gelb
  (75 % Schurwolle,
  25 % Polyamid,
  Lauflänge ca.
  210 m/50 g,
  Regia 4-fädig Uni,
  Gelb)

- 50 g Violett-Bunt
  (75 % Schurwolle,
  25 % Polyamid,
  Lauflänge ca.
  210 m/50 g, Regia
  4-fädig Color,
  Avenue Color)

- Häkelnadel Nr. 3

Größe 38/39

Grundmuster 1:
Feste Maschen in Runden.
Grundmuster 2:
Feste Maschen in Reihen.
Grundmuster 3:
Halbe Stäbchen in Runden glatt gehäkelt, siehe Grundkurs Seite 6.
Fantasiemuster: Laut Häkelschrift auf Umschlagseite B arbeiten. Maschenzahl teilbar durch 2. Die 4 Runden 1 x häkeln, dann die Runde 3 und 4 noch 3 x wiederholen.
Zunahmen und **Farbwechsel** siehe Grundkurs Seite 11.
Maschenprobe:
22 Maschen und 26 Runden/Reihen = 10 x 10 cm in festen Maschen

Socken nach der Grundanleitung auf Seite 2 – 5 arbeiten.

Stufe 1 – Spitze: 5 Luftmaschen in Gelb anschlagen, im Grundmuster 1 arbeiten und zunehmen, bis 42 Maschen erreicht sind. Nach 17 Runden ist die Spitze beendet.

Stufe 2 – Fuß: Im Grundmuster 3 weiterhäkeln wie folgt: 2 Runden Violett-Bunt, dann 2 Runden Gelb, wieder 2 Runden Violett-Bunt, danach 11 Runden Gelb, wieder 2 Runden Violett-Bunt und schließlich 2 Runden Gelb.

Stufe 3 – Ferse: In Gelb im Grundmuster 2 wie in der Grundanleitung beschrieben arbeiten.

Stufe 4 – Schaft: In Gelb im Grundmuster 3 weiterhäkeln und 8 Runden arbeiten. Danach in Violett-Bunt im Fantasiemuster weiterarbeiten.

Gestreift

Material:

- 150 g Hellblau (75 % Schurwolle, 25 % Polyamid, Lauflänge ca. 210 m/50 g, Regia 4-fädig Uni, Hellblau)
- 50 g Dunkelbraun (75 % Schurwolle, 25 % Polyamid, Lauflänge ca. 210 m/50 g, Regia 4-fädig Uni, Mocca)
- 50 g Fransengarn (100 % Polyester, Lauflänge ca. 90 m/50 g, Schachenmayr, Brazilia, Schoko)
- Häkelnadel Nr. 3

Größe 38/39

Grundmuster 1:
Feste Maschen in Runden.
Grundmuster 2:
Feste Maschen in Reihen.
Grundmuster 3:
Stäbchen in Runden gerippt gehäkelt, siehe Grundkurs Seite 6.
Farbwechsel siehe Grundkurs auf Seite 11.

Maschenprobe:
22 Maschen und 26 Runden/Reihen = 10 x 10 cm in festen Maschen

Socken nach der Grundanleitung auf Seite 2 – 5 arbeiten.

Stufe 1 – Spitze: In Hellblau 5 Luftmaschen anschlagen und im Grundmuster 1 arbeiten und zunehmen, bis 42 Maschen vorhanden sind, dabei abwechselnd 2 Runden in Hellblau und 2 Runden in Braun häkeln. Nach 17 Runden ist die Spitze beendet.

Stufe 2 – Fuß: In Hellblau im Grundmuster 3 arbeiten, bis die Fußlänge erreicht ist.

Stufe 3 – Ferse: Im Grundmuster 2 wie in der Grundanleitung beschrieben arbeiten, dabei mit 2 Reihen in Hellblau beginnen und im Wechsel 2 Reihen in Braun und 2 Reihen in Hellblau arbeiten.

Stufe 4 – Schaft: Mit Hellblau in der Fersenmitte beginnen und 18 Runden im Grundmuster 3 arbeiten. Mit 2 Runden Fransengarn schließen.

Sie haben Fragen zu Materialien, Anleitungen oder einer Kreativtechnik? Ganz gleich, ob Basteln, Malen oder Handarbeiten: Wir helfen Ihnen weiter!

Schreiben Sie uns,
wir sind für Sie da!

service-hotline@c-verlag.de

Christophorus Verlag GmbH & Co. KG • Leser-Service • Römerstr. 90 • D-79618 Rheinfelden • Fax: 076 23 / 96 46 44 49

Impressum
Idee, Konzept, Anleitungen, Größentabellen: Tanja Müller
Entwürfe: Tanja Müller (Seite 12, 14, 16, 18, 20, 22, 24, 28); Erika Schuler-Konietzny (Seite 26, 30)
Realisation: Tanja Müller (Seite 12, 18, 24, 28); Elisabeth Lindner (Seite 14,16); Erika Schuler-Konietzny (Seite 20, 22, 26, 30)
Lehrgangszeichnungen: Brigitte Fischer (Seite 8–10, Seite 11 oben); Andrea Ketterer (Seite 6/7; Carsten Bachmann (Seite 11 unten)
Fußschablonen: Carsten Bachmann
Häkelschriften: Sabine Schidelko
Redaktion und Lektorat: Erika Schuler-Konietzny
Fachkorrektur: Birgit Gack
Fotos: Uwe Schotte (Seite 13, 21, 23, 25, 27, 29, 31);
Styling: Ilka Baumgarten (Seite 13, 21, 23, 25, 27, 29, 31)
Fotos und Styling: fotografie&styling/Studioburger_fürth (Seite 15, 17, 19)
Steppfotos: Artur Müller
Layout: beaschmucker Grafik & Konzeption
Umschlaggestaltung: Aurélie Lambrecht
Satz: art und weise, Freiburg
Reproduktion: lithotronic, media gmbh, Dreieich
Druck und Verarbeitung: Ömür printing comp., Istanbul

ISBN 978-3-86673-181-3
Art.-Nr. 2181
3. Auflage 2009

© 2009 in der OZ-Verlags-GmbH, Rheinfelden
Buchverlag OZ creativ, Freiburg i. Br.
Alle Rechte vorbehalten.

Sämtliche Modelle, Illustrationen und Fotos sind urheberrechtlich geschützt. Jede gewerbliche Nutzung ist untersagt. Dies gilt auch für eine Vervielfältigung bzw. Verbreitung über elektronische Medien.

Autorin und Verlag haben die größtmögliche Sorgfalt walten lassen, um sicherzustellen, dass alle Angaben und Anleitungen korrekt sind, können jedoch im Falle unrichtiger Angaben keinerlei Haftung für eventuelle Folgen, direkte oder indirekte, übernehmen. Die gezeigten Materialien sind zeitlich unverbindlich. Der Verlag übernimmt für Verfügbarkeit und Lieferbarkeit keine Gewähr und keine Haftung. Farbe und Helligkeit der in diesem Buch gezeigten Garne, Materialien und Modelle können von den jeweiligen Originalen abweichen. Die bildliche Darstellung ist unverbindlich. Der Verlag übernimmt keine Gewähr und keine Haftung.

Hersteller, Materialien und Dank
Alle Garne von Schachenmayr/Coats GmbH. Autorin und Verlag bedanken sich für die Zurverfügungstellung der Garne.
Alle angegebenen Materialien sind im gut sortierten Fachhandel erhältlich. Das Fachpersonal berät Sie gern und ist Ihnen bei der Auswahl und Zusammenstellung der Garne behilflich.